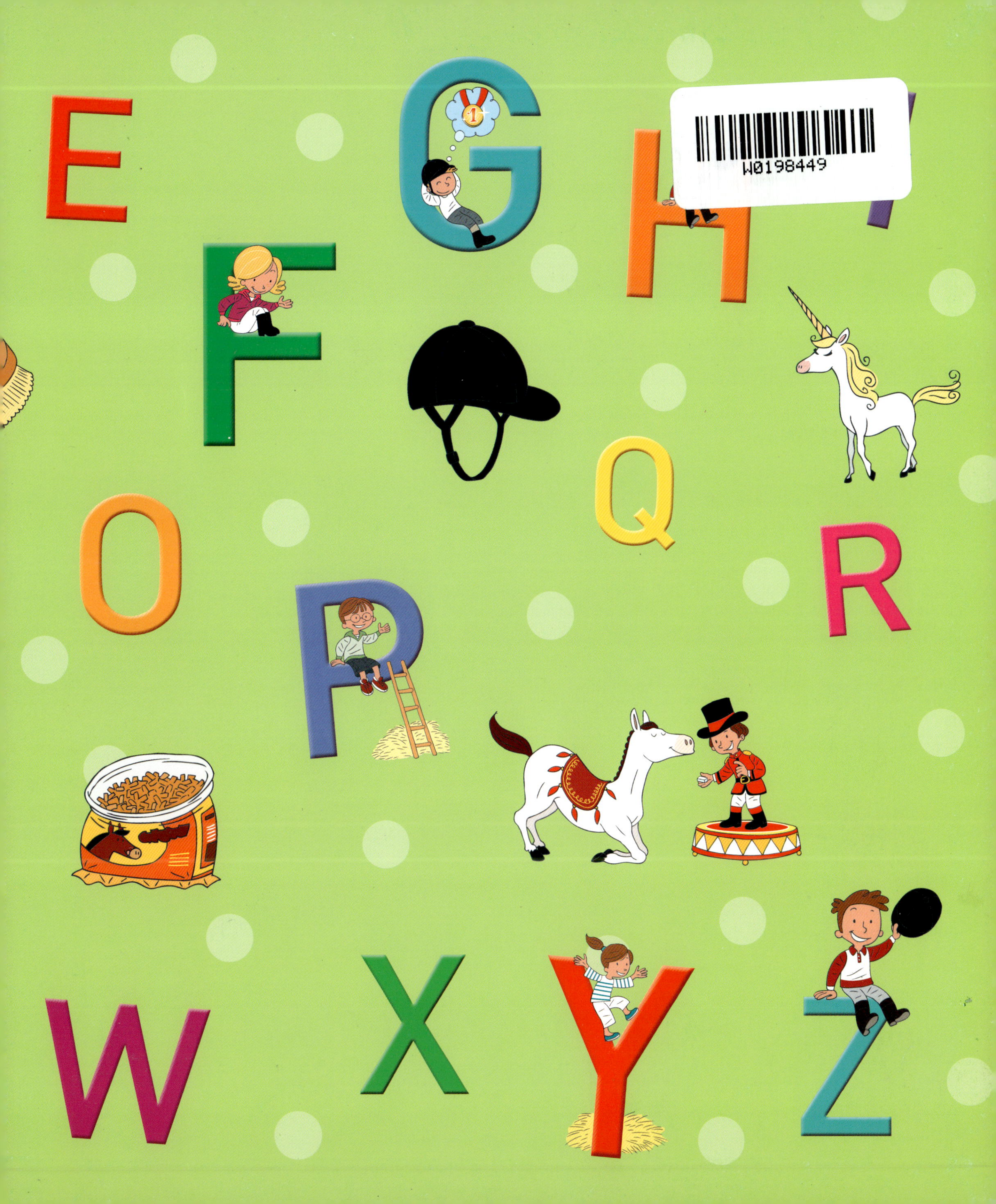
E
G
H
F
Q
O
R
P
W
X
Y
Z

Illustrations : Érick Duhamel

Direction : Guillaume Arnaud
Direction éditoriale : Sarah Malherbe
Édition : Fleur Nabert

Direction artistique : Élisabeth Hebert, assistée de Anaïs Acker
Mise en pages : Gilles Malgonne
Fabrication : Thierry Dubus, Marie Cheneval

Site : www.editionsfleurus.com
ISBN : 978-2-2150-4875-6
N° d'édition : 10003

« Loi n° 49-956 du 16 juillet 1949 sur les publications destinées à la jeunesse. »

Achevé d'imprimer en novembre 2009 par C & C Offset, en Chine.
Dépôt légal : Février 2010

L'alphabet du poney et du cheval

FLEURUS

Alexandre

comme...

Âne

Attelage

Allure

Alexandre adore se promener au pas avec son cheval. Quand il sera plus sûr de lui, il changera d'allure, il ira au trot, et aussi au galop !

Bertille

comme...

Brosse

Bombe

Box

Bertille a beaucoup de travail : elle nettoie le crottin, change la paille et met une bassine d'eau fraîche. Voilà, le box de son cheval est prêt !

Clément

comme...

Crinière

Crottin

Cavalier

Ce matin, Clément met sa tenue de cavalier : de grandes chaussettes, de belles bottes en cuir et une magnifique bombe noire. Il n'oublie pas ses gants et sa cravache.

« Allons-y, je suis prêt ! »

Dimitri

comme...

Dents

Destrier

Dresseur

Dimitri le dresseur apprend à son cheval à plier ses deux jambes avant. Il l'encourage : « D'abord une, c'est bien, puis l'autre. Bravo, tu es docile, pour te récompenser voici un sucre. »

Enzo

comme...

Écurie

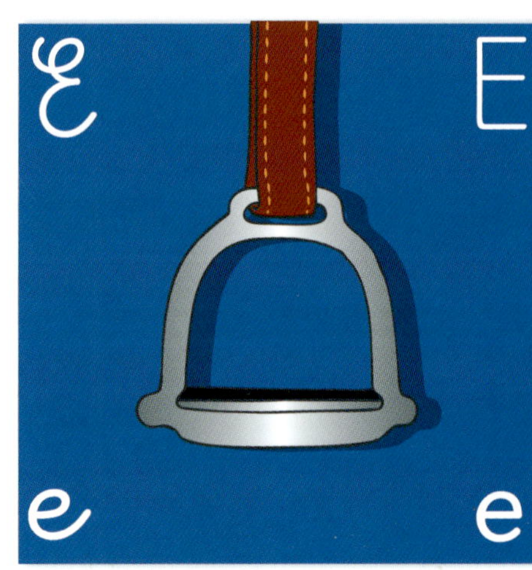

Étrier

Equitation

Tous les mercredis, Enzo va à son cours d'équitation. Il apprend à sauter des obstacles avec son poney Éden. Il est très attentif et progresse très vite !

Fanny

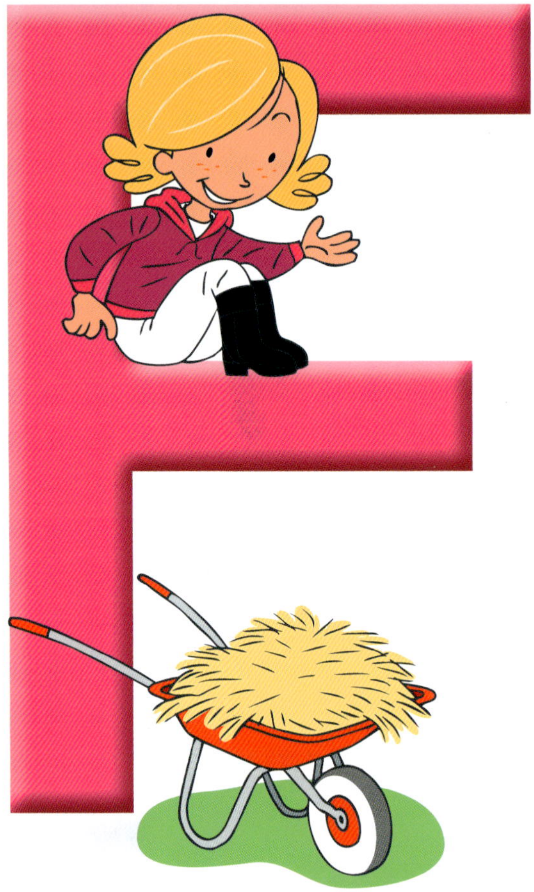

comme...

Foin

Fer

Falabella

« Qui est ce drôle de poney ? » demande Fanny à son papa. « C'est un falabella, c'est le plus petit poney du monde. » « Qu'il est mignon ! dit Fanny. Je peux lui donner une friandise ? »

Grégoire

comme...

Galop

Granulé

Gagner

Grégoire gagne la course grâce aux encouragements de sa grand-mère. Il reçoit une jolie médaille. Il est sur le podium comme un grand champion.

Hugo

comme...

Hippocampe

Harnais

Hennir

Hier, en arrivant dans la clairière, le cheval d'Hugo a vu d'autres chevaux qui broutaient l'herbe : il s'est mis à hennir pour leur dire bonjour.

Ingrid

Jade

comme...

Jument

Jockey

Jouer

Ingrid et Jade aiment beaucoup Icare, le double poney. Il est très joyeux et veut toujours jouer à croque-carotte, ou à 1, 2, 3 galop. Il est très rigolo !

Karine

Louis

comme...

ℒicorne

Licol

Lad

Lucas le lad prépare les chevaux à la course. Karine et Louis l'aident pour leur donner les granulés. « Mangez bien avant la grande course qui vous attend », dit Karine.

Mathis

comme...

Maréchal-ferrant

Manège

Monter

Avant de monter en selle, Mathis vérifie son équipement, puis il met le pied à l'étrier. Il tient bien les rênes et les crins dans ses mains et se lance. Bravo, il a réussi !

Nina Océane

comme...

Nattes

Œillères

Naseaux

Olivia la vétérinaire examine le cheval de Nina et Océane : « Ses oreilles et ses naseaux sont très propres ! s'exclame-t-elle. Vous vous en occupez très bien. »

Pablo

comme...

Poney

Prairie

Poulain

Pablo accourt pour voir le nouveau poulain.
Cela fait à peine deux heures qu'il est né
et il marche déjà. Incroyable !

Quentin Rose

comme...

Queue-de-cheval

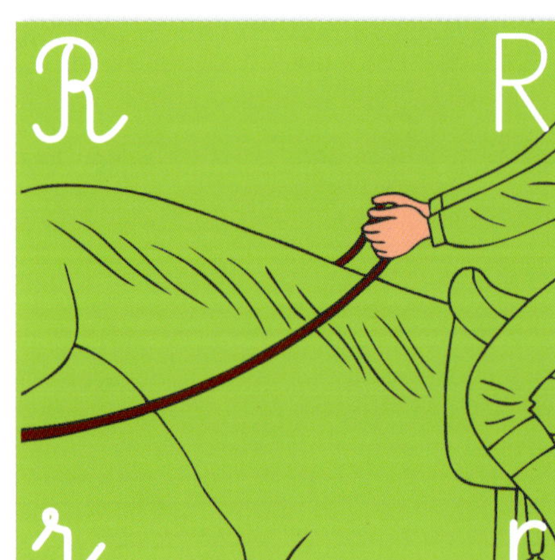

Rênes

Ruer

Aujourd'hui, Ricochet le cheval noir n'est pas content. Il se cabre et rue dès que Quentin l'approche. Mais Rose essaie de calmer ce rodéo en lui parlant doucement.

Sophie

comme...

Sabot

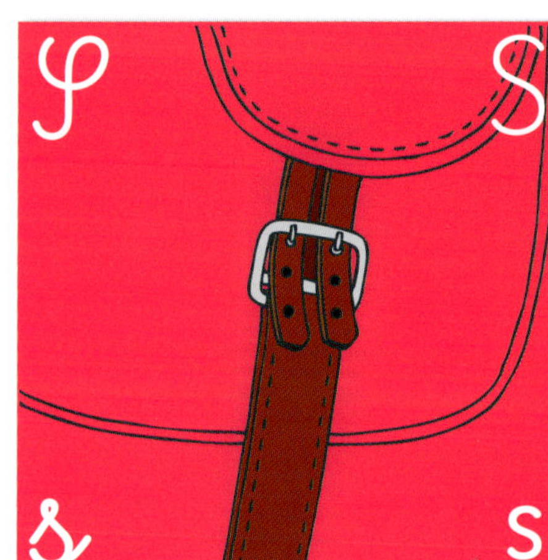

Sangle

Selle

Après la promenade en forêt, la selle de Sophie est toute sale. Elle la frotte si fort qu'elle brille comme un sou neuf !

Tom

comme...

Troupeau

Trot

Tiercé

Tom regarde Papy qui joue au tiercé. « Je crois que Tango, le cheval numéro 12, va gagner », parie Papy. Et c'est lui qui triomphe. Bravo !

comme...

Vétérinaire

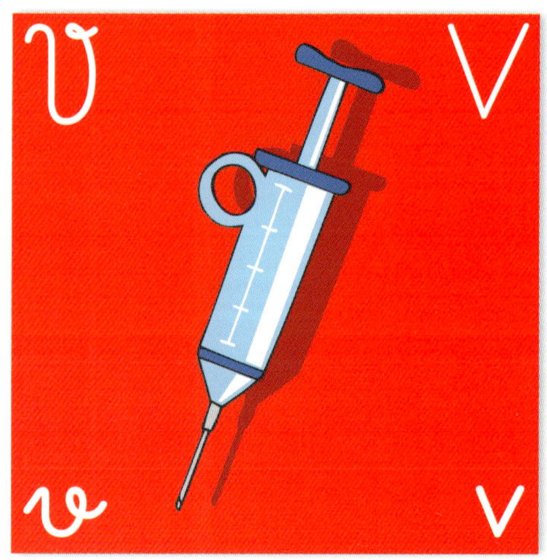

Vaccin

Voltige

Valentine vole et tourbillonne au-dessus
de son cheval. Sa tenue vermeil est très élégante
et le cheval a de très jolies nattes.
« C'est un beau spectacle ! » se dit Ursule.

William
Xavier
Yseult
Zénaïde
12

Youpi !

Quelle bonne journée au centre équestre !
Yseult et Zénaïde se sont bien amusées.
Elles retrouveront William et Xavier
mercredi prochain. Youpi !

Lettres perdues dans le centre équestre

Regarde bien ce centre équestre et fouille dans tous les endroits pour trouver les objets qui commencent par la lettre indiquée.

- Trouve 1 intrus qui commence par la lettre Z.
- Trouve 3 objets qui commencent par la lettre S.
- Trouve 2 objets qui commencent par la lettre P.
- Trouve 2 intrus qui commencent par la lettre C.
- Trouve 4 objets qui commencent par la lettre B.

Réponses : zèbre, selle, sangle, sabot, paille, pomme, cariole, cow-boy, bottes, brosse, bombe, balai.

A B C
G H I J
N O
S T U V

D E F
K L M
P Q R
W X Y Z

A
C
D
B
K
M
N
J
L
S
T
U
V